Impressum
Verlag: BABADADA GmbH, Nedderfeld 112 , 22529 Hamburg
Geschäftsführer / Verlagsleitung: Harald Hof
Druck: Books on Demand GmbH, In de Tarpen 42, 22848 Norderstedt

Imprint
Publisher: BABADADA GmbH, Nedderfeld 112 , 22529 Hamburg, Germany
Managing Director / Publishing direction: Harald Hof
Print: Books on Demand GmbH, In de Tarpen 42, 22848 Norderstedt

school

دبستان

classroom
divide
پارکرن
186/2
board
تەختە
teacher
مامۆستە
هەوشا دبستانێ
paper
کاخەز
write
نڤیساندن
pen
desk
ruler
راستەک
book
پرتووک
pupil
خوەندەکار

satchel

چەوال

pencil case

قووتی نڤیسنۆک

pencil

قەلەمرساس

pencil sharpener

نڤیسنۆک تووژکر

rubber

ژێبر

drawing pad

نڤیسکا نیگارێ

drawing

نیگار

paintbrush

فرچەیا رەنگێ

paint box

قووتی رەنگ

scissors

مقەس

glue

لەزاق

exercise book

پرتووکا فێربوون

homework

وەزیفا مالێ

number

هەژمار

add

زێدەکرن

subtract

دەرخستن

multiply

زێدەکرن

calculate

هەسباندن

letter

تیپ

alphabet

ئالفابە

word

پەیڤ

text

نڤیسێ

read

خواندن

chalk

گەچ

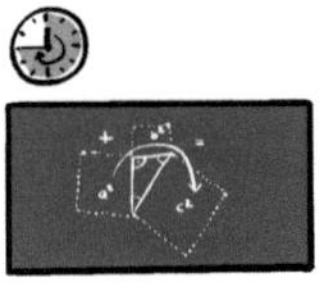

lesson

دەرس

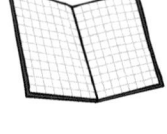

register

قەیدکرن

exam

ئیمتیهان

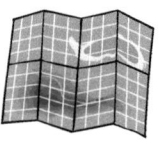

certificate

شەهادە

school uniform

کنجا دبستانێ

education

پەروەردەهی

encyclopedia

زانستنامە

university

زانینگە

microscope

میکرۆسکووپ

map

خەریتە

paper bin

سەپەتا کاخەزێ

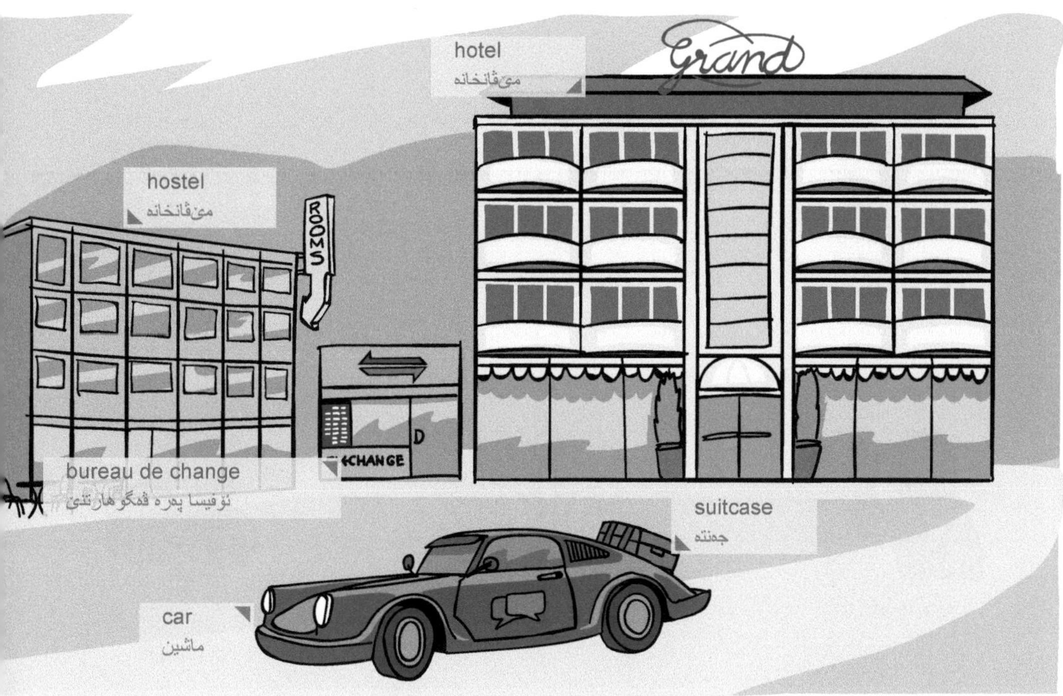

hotel
مێڤانخانە
Grand
hostel
مێڤانخانە
ROOMS
bureau de change
ئوفیسا پەرە ڤەگوهارتنێ
CHANGE
suitcase
جەنتە
car
ماشین

language

زمان

yes / no

بەلێ / نا

Okay

باش

hello

سلاڤ

translator

وەرگێرا نڤیسکی

Thank you

سپاس

how much does ... cost?

بهایێ ... چ قاسه؟

I do not understand

ئەز فام ناکم

problem

ئاریشە

Good evening!

ئێڤارباش!

Good morning!

سپێدی باش!

Good night!

شەڤ باش!

bye bye

خاترێ تە

direction

ئالی

luggage

هوورموور

bag

چەنتە

backpack

چەنتە پشت

guest

مێڤان

room

ئۆدە

sleeping bag

جامە خەو

tent

چادر

tourist information

ئاگاگیوێن گەرۆکان

beach

رەخێ ئاڤێ

credit card

کارتێ قەرزێ

breakfast

تاشتێ

lunch

فراڤین

dinner

شیڤ

ticket

کارت

lift

ئاسانسۆر

stamp

پوول

border

تخووب

customs

گومرک

embassy

بالیۆزخانە

visa

ڤیزا

passport

پاساپۆرت

transport
گوهازتن

aeroplane
ship
fire engine
bus
ئۆتۆبووس
truck
کامیۆن
motorboat
پاپۆرا ماتۆرێ
bike
دوچەرخە
car
ماشین

ferry

پاپۆر

boat

پاپۆر

motorbike

مۆتۆرسیکلێت

police car

ترمبێلا پۆلیسێ

racing car

ترمبێلا پێشبازیێ

rental car

ئەرەبە کرێکرنێ

car sharing

ماشین پەرڤەکرن

breakdown truck

کامیۆنا کشاندنێ

refuse truck

کامیۆنا خوەلی

motor

مۆتۆرسیکلێت

fuel

مازۆت

petrol station

ئیستەگەها بەنزینێ

traffic sign

تابلۆیا ترافیکێ

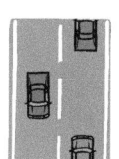

traffic

هاتنووچوون

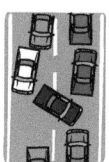

traffic jam

ترافیک

car park

جهێ پارکێ

train station

راوەستەکا ترێنێ

tracks

رێچ

train

ترێن

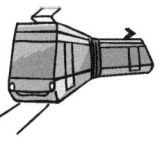

tram

ترێنێ کۆلانێ

carriage

ئەرەبە

helicopter

بابرۆک

airport

بالافرگەه

tower

برج

passenger

مسافر

container

قووتی

carton

قووتی

cart

گرگرۆک

basket

سەلک

take off / land

رابوون / نیشتن

city

باژار

village

گوند

city centre

ناڤەندا باژارێ

house

خانی

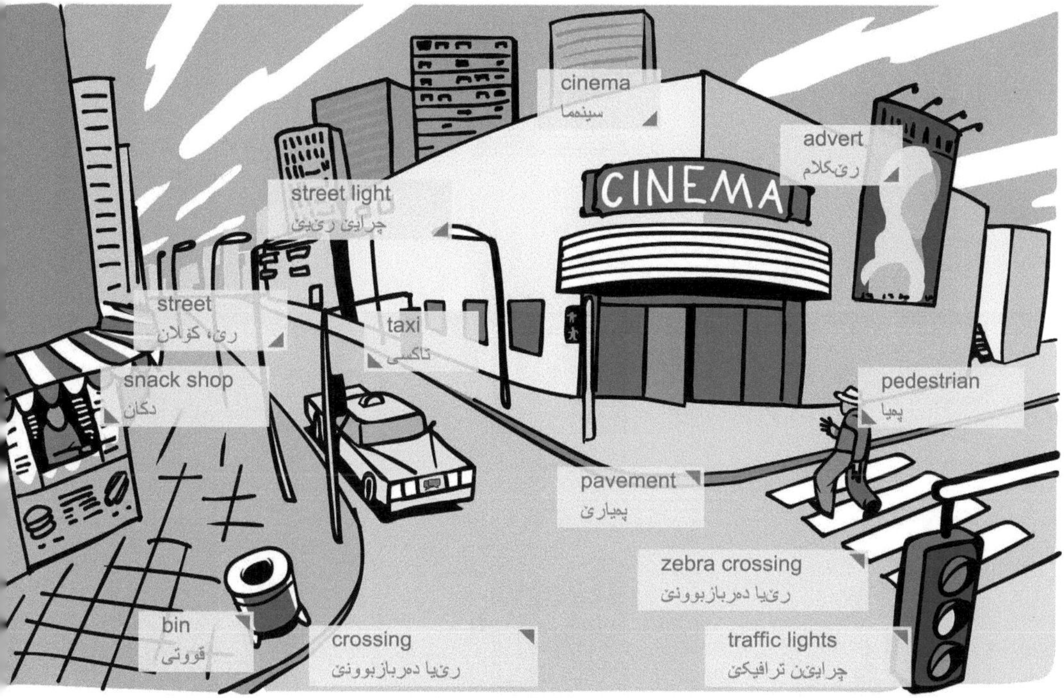

cinema
سینەما
advert
ڕێکلام
CINEMA
street light
چرایێ ڕێیێ
street
taxi
تاکسی
snack shop
دکان
pedestrian
پەیا
pavement
پەیارێ
zebra crossing
ڕێیا دەربازبوونێ
bin
crossing
ڕێیا دەربازبوونێ
traffic lights
چرایێن ترافیکێ

hut

کۆخ

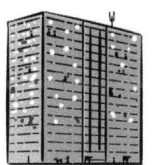

flat

خانی

train station

راوەستەکا ترێنێ

town hall

تەلارا شارەڤانی

museum

موزەخانە

school

دبستان

university

زانینگە

bank

بانک

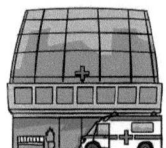

hospital

نەخۆشخانە

hotel

میوانخانە

pharmacy

دەرمانخانە

office

ئۆفیس

book shop

کتێبفرۆشی

shop

دکان

florist's

گولفرۆش

supermarket

بازار

market

بازار

department store

سوپەرمارکەت

fishmonger's

ماسیفرۆش

shopping centre

ناڤندا کڕین

harbour

بەندەر

park
....
پارک

bench
....
سەکوو

bridge
....
پر

stairs
....
دەرنجە

underground
....
ژێر ئەردی

tunnel
....
تونەل

bus stop
....
ئیستگەها ئۆتوبووس

bar
....
بار

restaurant
....
خوارنگەه

postbox
....
سندووقا پۆستێ

road sign
....
نیشاندەرکا رێیێ

parking meter
....
مەترا پارکینگێ

zoo
....
باخچا هەیوانان

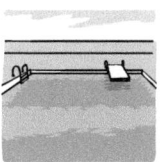

swimming pool
....
هەوزا مەلەڤانی

mosque
....
مزگەفت

farm

جۆتگەه

pollution

لەوتاندنا دەردۆر

graveyard

گۆرستان

church

کەنیسە

playground

ئەردێ لەیستنێ

temple

پەرەستگەه

landscape

تەبیەت

leaf
گەلا
signpost
نیشاندەرکا رێ
way
meadow
stone
کەڤر
tree
دار
hiker
گەرۆک
river
چەم
grass
گیا
flower
کولیلک

valley

دۆل

hill

گر

lake

گۆل

forest

دارستان

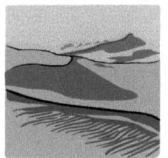

desert

بەیابان

volcano

ڤۆلکان

castle

کەلەە

rainbow

کەسکەسۆر

mushroom

کڤارک

palm tree

دارقەسپ

mosquito

مخمخک

fly

مێش

ant

مێری

bee

هنگ

spider

پیرێ

beetle

کێزک

frog

بەق

squirrel

سهۆر

hedgehog

ژیژۆک

hare

کەرگوه

owl

پەپووک

bird

چڤیک

swan

قوو

boar

بەرازێ کۆڤی

deer

پەزکۆڤی

moose

پەزکۆڤی

dam

بەنداڤ

wind turbine

توورببنا با

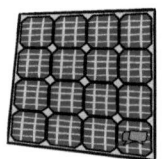

solar panel

پانەلا خۆرێ

climate

ئاڤ و هەوا

restaurant

خوارنگەه

waiter
بەرکار
menu
chair
کورسی
soup
شۆربە
pizza
پیزا
tablecloth
سفرە
cutlery
چەتەل و چەمچک

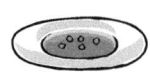

starter

....

خوارنا دەستپێک

main course

....

خوارنا سەرەکي

dessert

....

شیرانی

drinks

....

ڤەخوارنان

food

....

خوارن

bottle

....

جام

fast food

خوارنا لەز

street food

خوارنا رێیێ

teapot

چایدانک

sugar bowl

قووتی شەکرێ

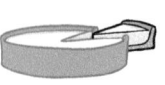

portion

بەش

espresso machine

مەکینا چێکرنێ ئەسپرەسسۆ

high chair

کورسیا بلیند

bill

هەساب

tray

سێنی

knife

کێر

fork

چەتەل

spoon

کەڤچی

teaspoon

کەڤچیا چای

serviette

پێشگر

glass

قەدەه

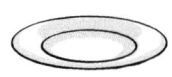

plate
....
تەیفک

soup plate
....
تەیفکا شۆربە

saucer
....
پیالە

sauce
....
چێنج

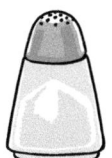

salt cellar
....
خوێدانک

pepper mill
....
قووتی بیبار

vinegar
....
سێک

oil
....
روون

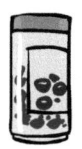

spices
....
بهارات

ketchup
....
کەتچاپ

mustard
....
موستارد

mayonnaise
....
مایۆنێز

supermarket
بازار

special offer
FOR
customer
dairy
شیرەمەنی
trolley
fruit
فێکی

butcher´s

قەسابی

baker´s

دکانا نانپێژ

weigh

وەزن کرن

vegetables

سەبزە

meat

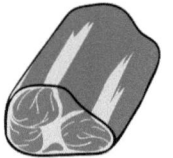

گۆشت

frozen food

خوارنێ جەمەدی

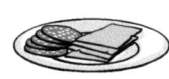

cold meat

گۆشتێ سار

tinned food

خوارنا پیلێ

washing powder

خوباری پاقژکرنێ

sweets

شرینی

household products

بەرهەمێن ناڤخوەیی

cleaning products

بەرهەمێن پاقژکرنێ

salesperson

فرۆشیار

till

خەزنۆک

cashier

دراڤگر

shopping list

لیستا کرینێ

opening hours

دەمێن ڤەکری

wallet

جزدان

credit card

کارتێ قەرزێ

bag

چەوال

plastic bag

چەنتە

drinks
ڤەخوارنان

water
ئاڤ

juice
شەربەت

milk
شیر

coke
کۆمر

wine
شەراب

beer
بیرا

alcohol
ئالکۆل

cocoa
کاکوۆ

tea
چای

coffee
قەهوە

espresso
ئەسپرەسسۆ

cappuccino
کاپۆچینۆ

food

خوارن

banana

مۆز

apple

سێڤ

orange

پرتەقالی

melon

گوندۆر

lemon

لیمۆن

carrot

گێزەر

garlic

سیر

bamboo

قامر

onion

پیڤاز

mushroom

قارچک

nuts

گەویز

noodles

شهیره

spaghetti

سپاگێتتی

rice

برنج

salad

سەلەتە

chips

چیپس

fried potatoes

پەتەتەیا براشتی

pizza

پیزا

hamburger

هامبورگەر

sandwich

نانۆک

cutlet

گۆشتێ ستوویێ بەرخی

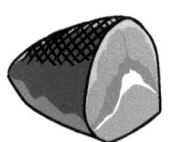

ham

گۆشتێ هشککری

salami

سالامێ

sausage

سۆسیس

chicken

مریشک

roast

بژارتن

fish

ماسی

porridge oats

شۆربە بلوول

muesli

مووسلی

cornflakes

کەرتێن گلگلان

flour

ئارد

croissant

جرۆسسانت

bread roll

سەموون

bread

نان

toast

تۆست

biscuits

نانک

butter

نڤیشک

curd

ماست

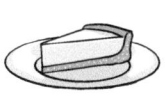

cake

کولیچە

egg

هێک

fried egg

هێکا قەلاندی

cheese

پەنیر

ice cream

دۆندرمە

sugar

شەکر

honey

هنگڤ

jam

مرەبا

chocolate spread

خامەیا نۆوگات

curry

کوڕی

farmhouse
خانیا چەولگا
barn
کادین
straw bale
تەپکا پووشێ
field
زەڤی
horse
trailer
کاروان
tractor
تراکتور
foal
جانی
donkey
sheep
بەران
lamb
بەرخ

goat

....

بزن

cow

....

چێلەک

calf

....

گۆلک

pig

....

بەراز

piglet

....

خنزیرک

bull

....

بۆخە

goose

قاز

duck

مراڤی

chick

جووچک

hen

مریشک

cock

کەلەشێر

rat

جرج

cat

کتک

mouse

مشک

ox

گا

dog

کووچک

doghouse

خانیا کووچکێ

garden hose

خانی باخێ

watering can

قووتیکا ئاڤدانێ

scythe

شالووک

plough

گاسن

sickle

داس

hoe

مەربێڕ

pitchfork

دارساپک

axe

بڤر

wheelbarrow

دەستگەرە

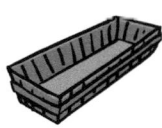

trough

قووتی خوارنا جانداران

milk can

قووتی شیر

sack

توور

fence

چەپەر

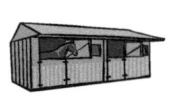

stable

ئاخور

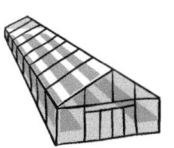

greenhouse

خانا کولیلکان

soil

ئاخ

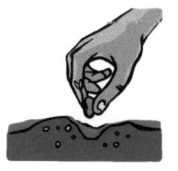

seed

دەندک

fertilizer

پەین

combine harvester

کۆمباین

harvest

زاد

harvest

زاد

yams

پەتەتە

wheat

گەنم

soy

فاسۆلی

potato

پەتەتە

corn

دەخل

rapeseed

دندک

fruit tree

دارێ فێکی

cassava

سێڤێ بن ئەردێ

cereals

زاد

chimney
roof
drain pipe
window
پاجە
garage
گاراژ
doorbell
زەنگلێ دەری
door
دەری
rubbish bin
letterbox
قوتیا پۆستێ
garden
باخچە

living room
....
ئۆدا روونشتنێ

bathroom
....
هەمام

kitchen
....
مەتبەخ

bedroom
....
ئۆدا خەوێ

child's room
....
ئۆدەیا زارۆک

dining room
....
ئۆدا شیڤێ

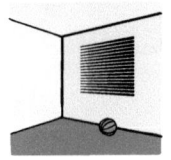

floor

بنی

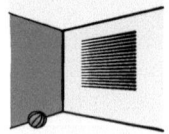

wall

دیوار

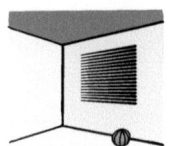

ceiling

بەربان

cellar

خەنزک

sauna

ساونا

balcony

بالکۆن

terrace

بەردانک

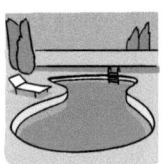

pool

هەوزا مەلەڤانی

lawn mower

چیمەن بڕ

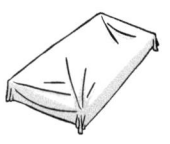

sheet

مەلهەفە

bedspread

بەتانی

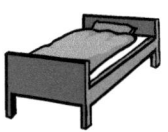

bed

نڤین

broom

گەزک

bucket

ساتل

switch

کلیل

living room
ئۆدا روونشتنێ

wallpaper
کاخەزێ دیوار
picture
وێنە
lamp
لامپا
shelf
رەف
cupboard
دۆلاب
television
تەلەفیسیۆن
fireplace
ئاگردان
flower
کولیلک
cushion
سەرین
sofa
قەنەپە
vase
گولدانک
remote control
کۆنترۆلا دوور

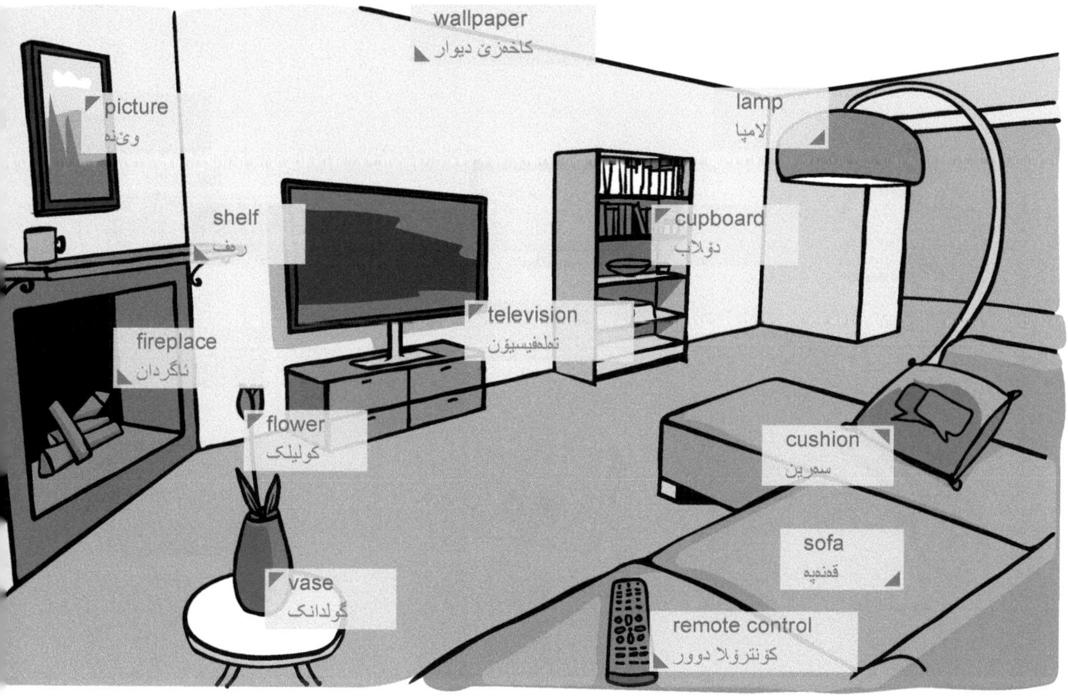

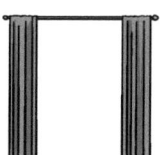

carpet
خالیچە

curtain
پەردە

table
مێز

chair
کورسی

rocking chair
کورسیا هەژانۆک

armchair
کورسی

book

پرتووک

blanket

بەتانی

decoration

خەملاندن

firewood

ئێزنگ

film

فیلم

hi-fi equipment

هـف

key

کلیل

newspaper

رۆژنامە

painting

نیگار

poster

پۆستەر

radio

رادیۆ

notepad

دەفتەر

hoover

سڤنکا ئەلەکتریکی

cactus

کاکتووس

candle

مۆم

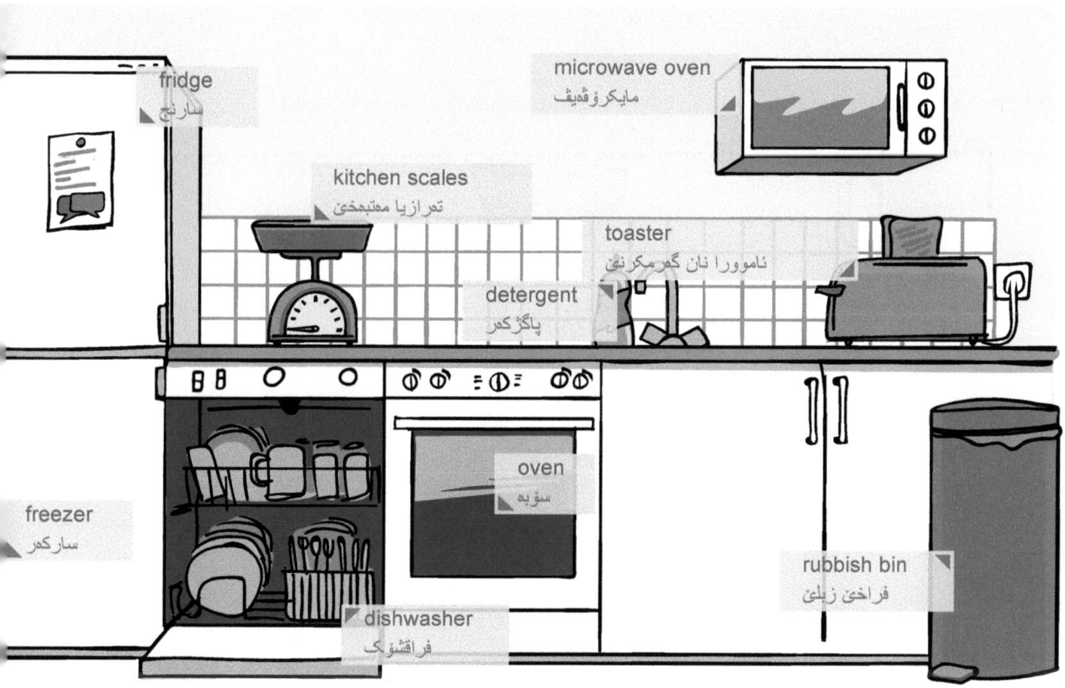

fridge
سارنج
microwave oven
مایکرۆڤەیڤ
kitchen scales
تەرازیا مەتبەخێ
toaster
ئامورا نان گەرمکرنێ
detergent
پاگژکەر
oven
سۆبە
freezer
سارکەر
rubbish bin
فراخێ زبلێ
dishwasher
فراقشۆک

cooker

سۆبە

pot

ئامان

cast-iron pot

ئامانێ ئووتوو

wok / kadai

فراقێ مەزن

pan

دیزک

kettle

کەلینک

kitchen - مەتبەخ 35

steamer

فراقێ هلمێ

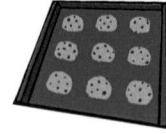

baking tray

سێنی نانێ

crockery

فراق

mug

پیالە

bowl

کاسک

chopsticks

دارێ نانخوارن

ladle

هەسک

spatula

کەڤچیا مەزن

whisk

رینەک

strainer

کەفگیر

sieve

بێژنگ

grater

رێشکەر

mortar

دەستار

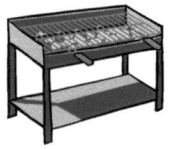

barbecue

براشتن

open fire

ناگرێ ڤالا

chopping board

....

تەختەیا بڕینێ

rolling pin

....

دارکێ تیرێ

corkscrew

....

دەڤک بادەک

can

....

قووتی

can opener

....

قووتیڤەکر

pot holder

....

جاوێ ئامانان

sink

....

دەستشۆ

brush

....

فرچە

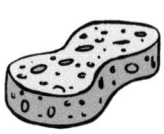

sponge

....

پارازۆا

blender

....

تەڤدێر

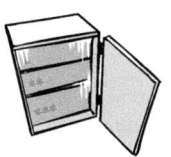

deep freezer

....

سارکەرێ جەمەدی

baby bottle

....

شووشە بەبکان

tap

....

هەندفی

bathroom

هەمام

heating
گەرمژانک
towel
خاولی
shower
دووش
shower curtain
پەردەیا هەمامێ
bubble bath
کەفێ هەمام
bathtub
هەوزا هەمام
glass
washing machine
جلشۆک
tap
هەنەفی
tiles
ناجوور
potty
توالەتا زارۆکان
sink
دەستشۆ

toilet

توالەت

squat toilet

توالەتا ئەردێ

bidet

توالەت

urinal

ئاڤدەستخانا مێران

toilet paper

کاخەزا توالەت

toilet brush

فرشەیا توالەت

toothbrush

فرچەیا دران

toothpaste

ممجوونا دران

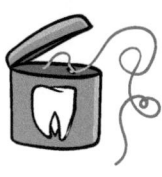

dental floss

نمخا ددان

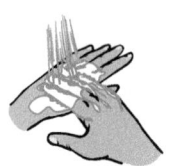

wash

شووشتن

handheld shower

دووشێ دەستێ

douche

دووش

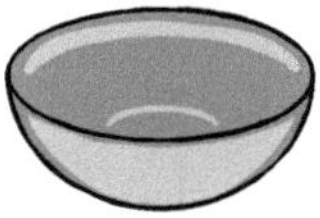

basin

دەستشۆ

back brush

فرچا پشت

soap

سابوون

shower gel

جێلێ هەمام

shampoo

شامپۆ

flannel

فانیلە

drain

زێراب

cream

کرێم

deodorant

بێهن خوشکر

mirror

مرێک

hand mirror

مرێکا دەستێ

razor

گووزان

shaving foam

کەفێ تەراشینێ

aftershave

مەجوونا پشتی تەراشینێ

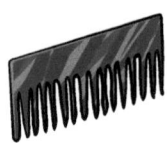

comb

شەه

brush

فرچە

hair dryer

پۆر هیشککر

hairspray

سپرایا پۆرێ

makeup

کۆزمەتیک

lipstick

سۆراڤک

nail varnish

رەنگێ نینۆک

cotton wool

پەمبوو

nail scissors

مەقەستا نینۆک

perfume

پارفووم

washbag

....

چەوالێ هەمامێ

stool

....

کورسیا بێپشت

weighing scale

....

تەرازی

bathrobe

....

کنجا هەمامێ

rubber gloves

....

لەپکا لاستیکێ

tampon

....

تامپۆن

sanitary towel

....

خاولیا پاقژکرنێ

chemical toilet

....

توالەتا کیمییەوی

child's room

ئۆدەیا زارۆک

alarm clock
cuddly toy
لیستۆک
toy car
ماشینا لیستۆک
rattle
خشخشۆک
doll's house
مالا لیستۆک
present
خەلات

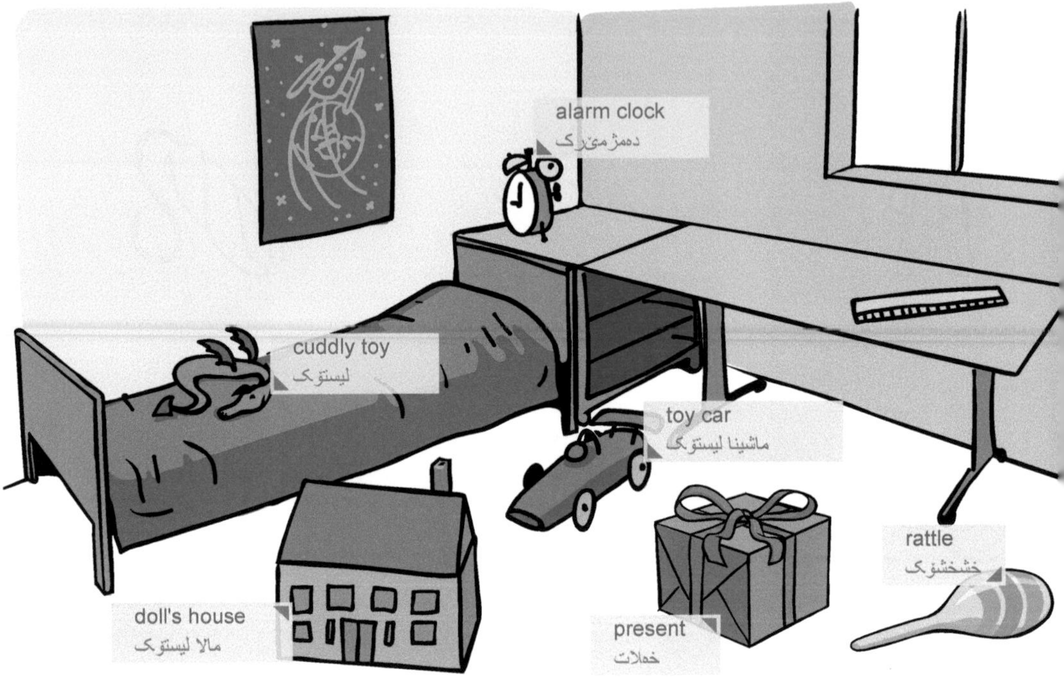

balloon
پفدانک

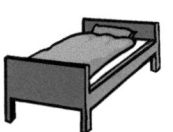

bed
نڤین

pram
کۆچک

deck of cards
لیستکا کارتێ

jigsaw
فریزبی

comic
کۆمیک

lego bricks

ئاجوورا لێگۆ

building blocks

ئاجوورا لیستۆک

action figure

بووکه شووشه

romper suit

کنجا بەبکان

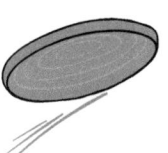

Frisbee

فرزبێ

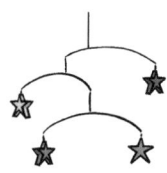

mobile

ڤەگو هەستن

board game

لیستکێن تەختە

dice

مۆر

model train set

مۆدێلا ترێنێ

dummy

مەمک

party

جەژن

picture book

کتێبا وێنە

ball

تۆپ

doll

بووکه شووشه

play

لەییستن

sandpit

....

کونا خیزێ

swing

....

جۆلانە

toys

....

لیستۆکان

video game console

....

لیستکا ڤیدەۆیی

tricycle

....

سێ‌چەرخە

teddy bear

....

هرچا لیستۆک

wardrobe

....

جلدانک

clothing

کنج

socks

....

گۆرە

stockings

....

گۆرە

tights

....

دەرپێ‌گۆری

scarf
شال

umbrella
چەتر

t-shirt
کراس

belt
قایش

boots
شەمکال

trainers

slippers
سۆلکێ ناڤ مالێ

sandals

سۆلک

shoes

سۆل

rubber boots

پۆتینا چەرمێ

underpants

پانتۆلێ ژێر

bra

پێسیربەند

vest

چەکبەند

body

....

جەندەک

trousers

....

پانتۆل

jeans

....

ژەانس

skirt

....

دامان

blouse

....

کراس

shirt

....

کراس

pullover

....

فانێلە

hoodie

....

فانێلە

blazer

....

جاکێت

jacket

....

ساکۆ

coat

....

چاکەت

raincoat

....

بارانی

costume

....

لەباس

dress

....

فیستان

wedding dress

....

جلێ داوەتێ

suit

چاکێت

nightgown

پێجامە

pyjamas

پێجامە

sari

سارێ

headscarf

لەچک

turban

مێزەر

burqa

هێرام

kaftan

کافتان

abaya

ئەبا

swimsuit

کنجا ئاژنێکرن

trunks

جلکا مەلەڤانی

shorts

شۆرت

tracksuit

جلا هێڤۆژکاری

apron

پێشمال

gloves

لەپک

button

دووگمە

glasses

بەرچاڤک

bracelet

بازن

necklace

گەردەنی

ring

گوستیل

earring

گوهارک

cap

دەڤک

coat hanger

هلاڤستەمک

hat

کووم

tie

کراوات

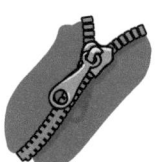

zipper

زیپ

helmet

سەرپارێز

braces

دەرزی

school uniform

کنجا دبستانێ

uniform

یوونیفۆرم

bib

بەردلک

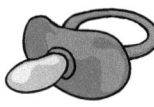

dummy

مەمک

nappy

پۆنداخ

office

ئۆفیس

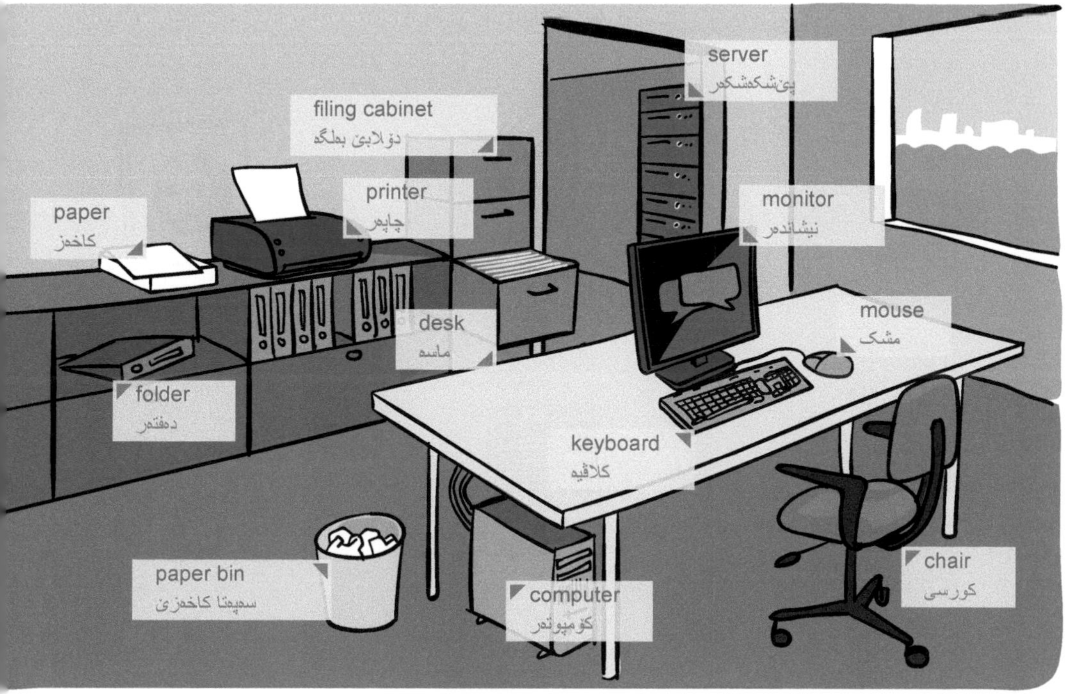

server

پێشکەشکەر

filing cabinet

دۆلابی بەلگە

printer

چاپەر

paper

کاخەز

monitor

نیشاندەر

desk

مێسە

mouse

مشک

folder

دەفتەر

keyboard

کلاڤیه

paper bin

سەپێتی کاخەزی

computer

کۆمپیوتەر

chair

کورسی

coffee mug

کاسکا قەهوه

calculator

هەسابکەر

internet

ئینتەرنەت

laptop

کۆمپوتەرا لاپتۆپ

letter

نامە

message

پەیام

mobile

تەلەفۆنا مۆبیل

network

تۆر

photocopier

مەکینا فۆتۆکۆپی

software

سۆفتوارە

telephone

تەلەفۆن

plug socket

سۆجکەتا فیشەک

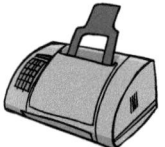

fax machine

مەکینا فاخێ

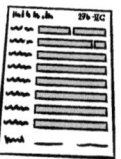

form

فۆرم

document

بەلگە

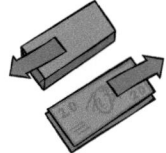

buy

کرین

pay

پەرە دان

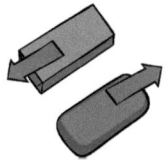

trade

بازرگانی

money

پەرە

dollar

دۆلار

euro

یۆرۆ

yen

یەنی ژاپۆنی

rouble

رۆبلی رووسی

Swiss franc

فرانکی سویسی

renminbi yuan

یوانی چینی

rupee

رووپی هندی

cashpoint

مەکینا ژخوەبەرا دراڤ

bureau de change

ئۆفیسا پەرە ڤەگوهارتنێ

gold

زێڕ

silver

زیڤ

oil

نەفت

energy

وزە

price

بها

contract

پەیمان

tax

تاخ

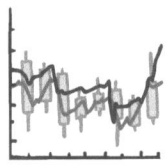

stock

سەهام

work

کارکرن

employee

کارکەر

employer

کاردا

factory

فابریکا

shop

دکان

occupations
پرۆفەسیۆن

police officer
پۆلیس
fireman
ئاگرکوژ
cook
ئاشپاز
doctor
pilot
فڕۆکەڤان

gardener

باخچەڤان

carpenter

نەجار

seamstress

دروونڤان

judge

هاکم

chemist

شیمیازان

actor

شانۆگەر

bus driver

شوفێری باسێ

taxi driver

شوفێرەکی تاکسیێ

fisherman

ماسیڤان

cleaning lady

پاگژکەر

roofer

چێکری بانی

waiter

بەرکار

hunter

نێچرڤان

painter

رەنگرێس

baker

نانپێژ

electrician

کارەباڤان

builder

ئاڤاکەر

engineer

ئەندەزیار

butcher

قەساب

plumber

لوولەکار

postman

پۆستەڤان

soldier

ئەسکەر

architect

میمار

cashier

دراڤگر

florist

فرۆتکارا چیچەکان

hairdresser

پۆرچێکەر

conductor

ئاژۆڤان

mechanic

مەکانیک

captain

کەشتیڤان

dentist

پزیشکا ددانان

scientist

زانستیار

rabbi

رووهان

imam

ئیمام

monk

کەشە

clergyman

کەشیش

tools

ئامووران

pliers
مووچینگ
hammer
چەکووچ
screwdriver
torch
دارا چرا
spanner

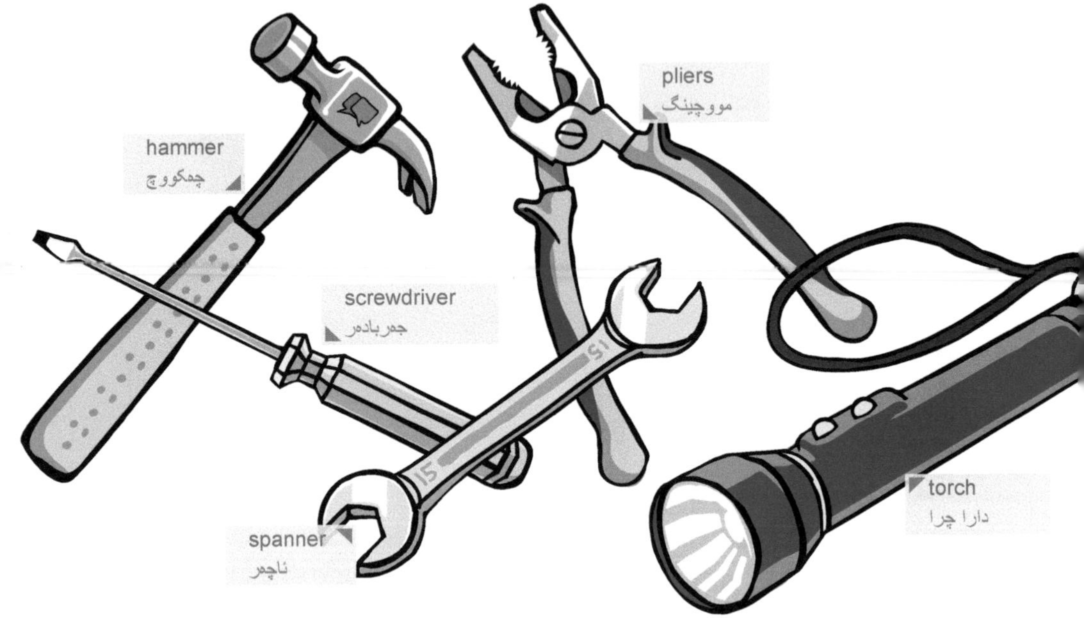

digger

شۆفەل

toolbox

قووتیا ئامووران

ladder

پەیژە

saw

مشار

nails

میخ

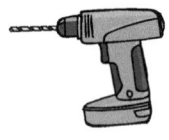

drill

قولکرن

repair

چێکرن

shovel

مەربێر

Damn!

نالەت!

dustpan

بێل

paint pot

قووتیا رەنگێ

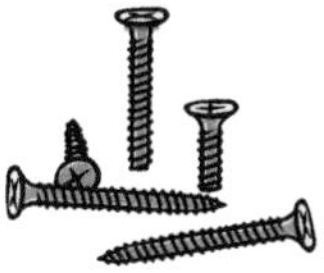

screws

جەڕ

musical instruments

ئامووریێن موزیکێ

loudspeaker
بلیندگو
drum kit
کۆمێ دەهۆل
guitar
گیتار
double bass
جۆرەیا گیتار
trumpet
زرنا

piano

پیانۆ

violin

ڤیۆلین

bass

باس

timpani

دەهۆل

drums

داهۆل

keyboard

کەیبۆارد

saxophone

ساکسۆفۆن

flute

بلوور

microphone

میکرۆفۆن

باخچا هەیوانان

entrance
ناڤدەر
tiger
پلنگ
cage
قەفەس
zebra
کەرێ چیا
animal feed
خوارنا هەیوان
panda
پاندا

animals
هەیوان

elephant
فیل

kangaroo
کانگاروو

rhino
کەرکەدەن

gorilla
گۆریل

bear
هرچ

camel

هێشتر

ostrich

هێشترمه

lion

شێر

monkey

مه‌یموون

flamingo

فلامینگۆ

parrot

پاپاخان

polar bear

هرچا جه‌مسه‌ری

penguin

په‌نگوین

shark

سه‌ماسی

peacock

تاووس

snake

مار

crocodile

تمساه

zookeeper

پاریزه‌را باخچا ئاژه‌لان

seal

سه‌یا ده‌ریا

jaguar

پلنگ

pony

هەسپ

leopard

پلنگ

hippo

هەسپێ رووبار

giraffe

جانهێشتر

eagle

هەلۆ

boar

بەرازێ کۆڤی

fish

ماسی

turtle

کووسی

walrus

والراس

fox

رۆڤی

gazelle

خەزال

sports

وەرزش

American football
فووتبۆلێ ئامەریکا
cycling
بسکلێتان
tennis
تەنیس
basketball
باسکێتبۆل
swimming
ice hockey
هۆکەیا سەر جەمەدێ
boxing
بۆخنگ

football
فووتبۆل

badminton
بادمنتۆن

athletics
یێ ئاتلەتیزمێ

handball
هەندبۆل

skiing
بەفراژۆتن

polo
پۆلۆ

laugh
کەنین

jump
هلیپمکه

hug
هەمبیز

walk
بری قمچوون

sing
لاوژه گوتن

dream
خەون دیتن

pray
نمیژ کرن

kiss
ماچکرن

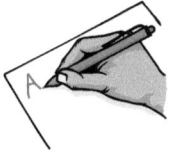

write
نڤیساندن

draw
نیگار کئشان

show
نیشان دان

push
پالدان

give
دایین

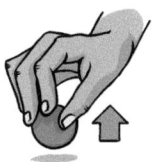

take
راکرن

have

هەبین

do

کرن

be

بوون

stand

سەکنین

run

بازدان

pull

کشاندن

throw

ئاڤێتن

fall

کەتن

lie

دەرەو کرن

wait

سەکنین

carry

گوهێزتن

sit

روونشتن

get dressed

جل بەرکرن

sleep

رازان

wake up

رابوون

look at

مێزە کرن

cry

گرین

stroke

جەلتە

comb

شە کرن

talk

پەیڤین

understand

فامکرن

ask

پرسکرن

listen

بهیستن

drink

ڤەخوارن

eat

خوارن

tidy up

کۆم کرن

love

هەزکرن

cook

خوارن چێکرن

drive

ئاژۆتن

fly

فڕین

sail

کەشتیڤانی

calculate

هەسباندن

read

خواندن

learn

هینبوون

work

کارکرن

marry

زەوجین

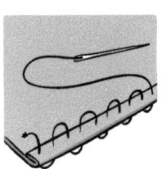

sew

درووتن

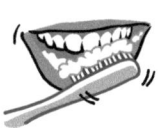

brush teeth

ددان شووتن

kill

کوشتن

smoke

دووخان

send

شاندن

family

مالبات

grandmother
داپیر
grandfather
father
mother
baby
daughter
son
کور

guest

مێڤان

aunt

مەت

uncle

ئاپ/خال

brother

برا

sister

خوشک

body

بەدەن

forehead
eye
shoulder
مل
finger
تلی
face
chin
hand
دەست
leg
لنگ
breast
سینگ
arm
پیل

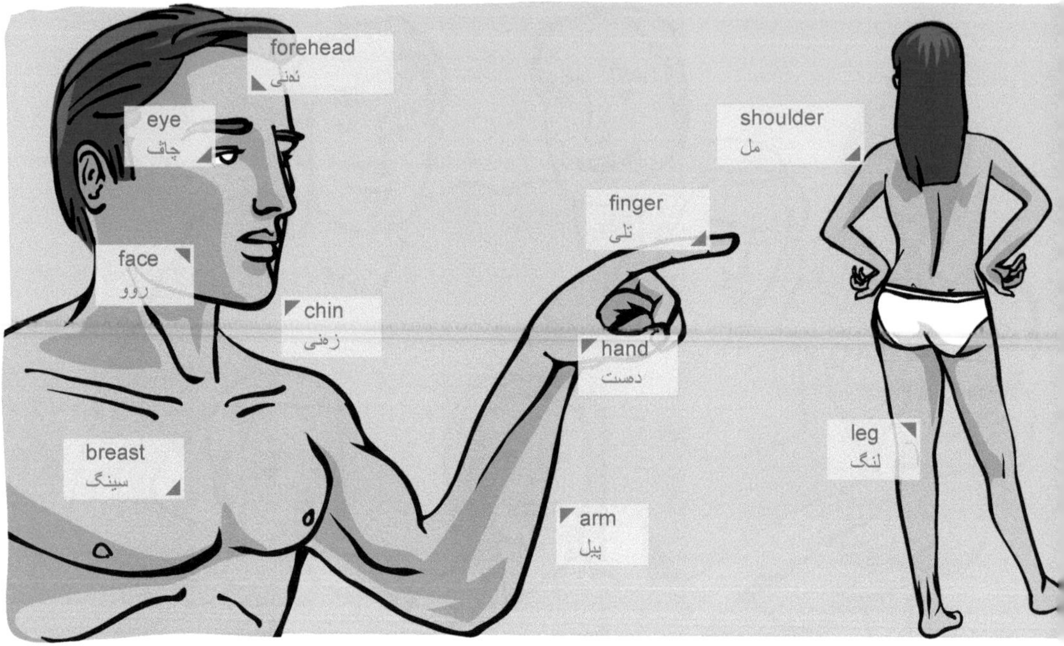

baby

بەبەک

man

مێر

woman

ژن

girl

کچ

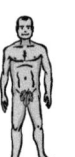

boy

کوڕ

head

سەر

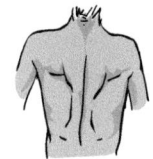

back

پشت

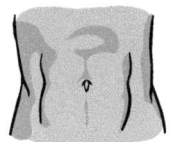

belly

زک

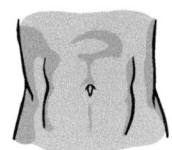

belly button

ناڤک

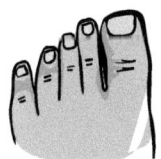

toe

تلیبا پێ

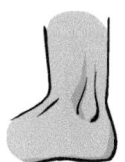

heel

پانی

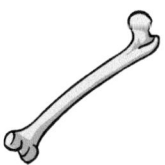

bone

هەستی

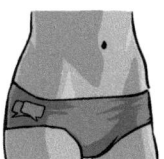

hip

کوولیمەک

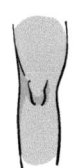

knee

ژوونی

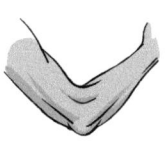

elbow

ئەنیشک

nose

دفن

bottom

قوون

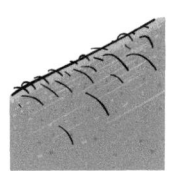

skin

چەرم

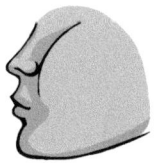

cheek

روو

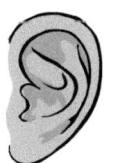

ear

گووه

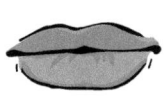

lip

لێڤ

mouth

دەڤ

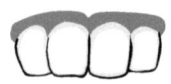

tooth

دران

tongue

زمان

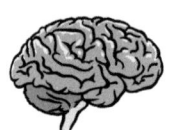

brain

مێژی

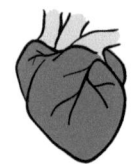

heart

دل

muscle

ماسوول

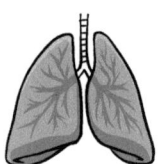

lung

جیگەرا سپی

liver

جەگەر

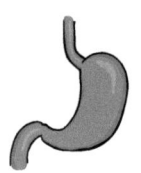

stomach

مادە

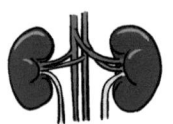

kidneys

گوورچکان

sex

جۆتبوون

condom

کۆندۆم

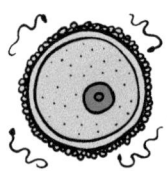

ovum

هێک

semen

تۆڤ

pregnancy

دووجانی

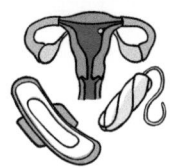

menstruation

ناده

vagina

قووز

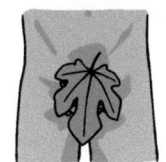

penis

کیر

eyebrow

برۆ

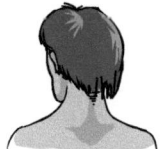

hair

پۆر

neck

هووستوو

hospital

نەخوەشخانە

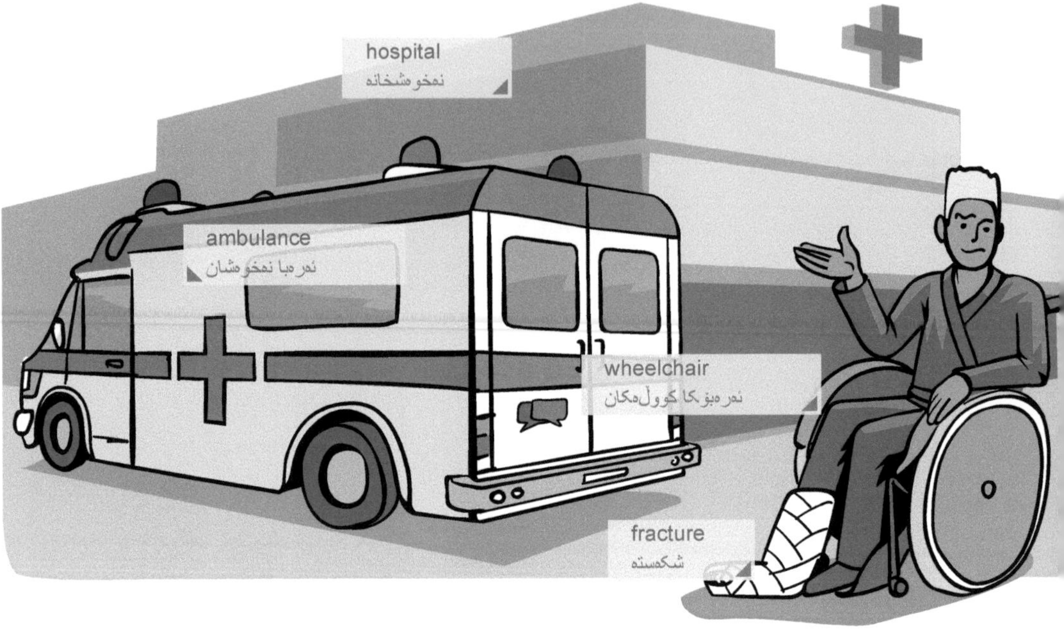

نەخوەشخانە
ambulance
ئەرەبا نەخوەشان
wheelchair
ئەرەبۆکا کوولەکان
fracture
شکەستە

doctor

بژیشک

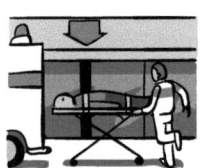

emergency room

ئۆدا لەزگینێ

nurse

نەخوەشیار

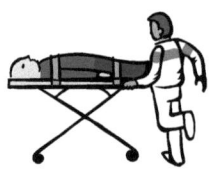

emergency

ئاجیلییەت

unconscious

بێهای

pain

ئێش

injury

برین

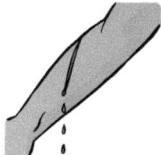

bleeding

خوینپژان

heart attack

هێرشا دلی

stroke

جەلتە

allergy

ئالەرژی

cough

کوخک

fever

تا

flu

زکام

diarrhoea

ناڤچووین

headache

سەرێش

cancer

قانسێر

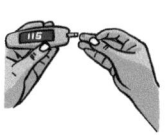

diabetes

نەخوشیا شەکرێ

surgeon

ئەمەلیکار

scalpel

سکالپێل

operation

ئەمەلی

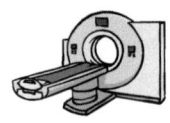

CT

جت

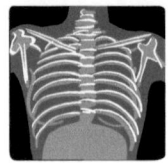

x-ray

سوورەتیٚ رۆنتگیٚن

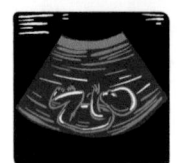

ultrasound

ئوولترا‌ساوند

face mask

ماسکیٚ روویێ

disease

نەخوەشی

waiting room

ئۆدا سەکنینیٚ

crutch

گۆچان

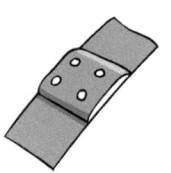

plaster

شیٚل

bandage

پاچیٚ برینپیٚچانیٚ

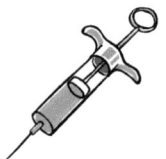

injection

دەرزی

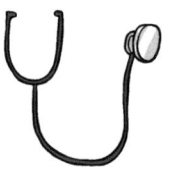

stethoscope

بیستوکا پزیشکی

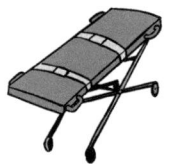

stretcher

داربەست

clinical thermometer

تیٚهنپیڤا کلینیکیٚ

birth

زایین

overweight

قەلەو

74 hospital - نەخوەشخانە

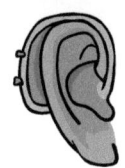

hearing aid

ئالیکاریا بهیستنێ

disinfectant

باکتەریکوژ

infection

کۆتیبوون

virus

ڤیرووس

HIV / AIDS

هڤ / ئادس

medicine

دەرمان

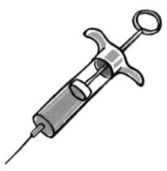

vaccination

کوتان

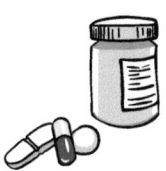

tablets

هەبان

pill

هەب

emergency call

لەزگین

blood pressure monitor

دیمەندەرێ پەستۆ خوین

sick / healthy

نەخوەش / ساخ

emergency

ئاجلییەت

Help!

هەوار!

alarm

ئالارم

assault

ئێریش

attack

ئێریشکرن

danger

تالووک

emergency exit

دەرکەتنا ئاجل

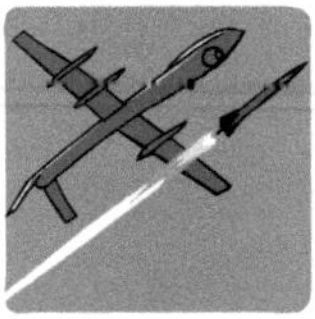

Fire!

ئاگر!

fire extinguisher

ئاگر ڤەمراندنێ

accident

قەزا

first-aid kit

ئالەتێن ئالیکاریا یەکەم

SOS

سۆس

police

پۆلیس

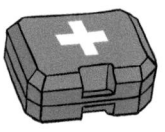

Europe

ئەورۆپا

North America

ئامەریکایا باکوور

South America

ئامەریکایا باشوور

Africa

ئافریکا

Asia

ئاسیا

Australia

ئاووسترالیا

Atlantic

ئاتلانتیک

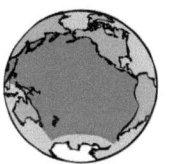

Pacific

ئۆکیانووسا مەزن

Indian Ocean

ئۆکیانووسا هندی

Antarctic Ocean

ئۆکیانووسا ئانتارکتیکا

Arctic Ocean

ئۆکیانووسا ئارکتیک

North Pole

جەمسەرا باکوور

South Pole

جەمسەرا باشوور

Antarctica

ئانتارکتیکا

Earth

ئەرد

land

ئاخ

sea

بەهر

island

دوورگە

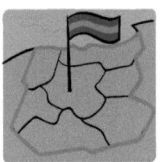

nation

مڵلەت

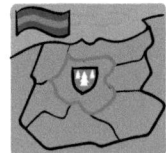

state

وەلات

clock

ساەت

clock face

روویێ ساەت

hour hand

نشاندەرکا دەمژمێر

minute hand

نشاندەرکا دەقە

second hand

نشاندەرکا سانیە

What time is it?

سێت چەندە؟

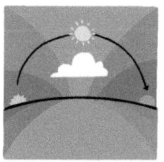

day

رۆژ

time

دەم

now

نها

digital watch

ساەتێ دجیتال

minute

دەقە

hour

سێت

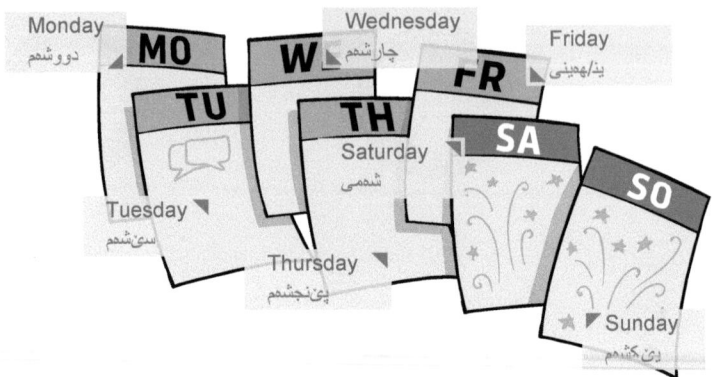

week

هەفتە

Monday
دووشەم
MO
Wednesday
چارشەم
W
Friday
FR
TU
TH
Saturday
شەمی
SA
SO
Tuesday
سێشەم
Thursday
پێنجشەم
Sunday
یێکشەم

TUE
MON

yesterday

دوه

TUE

today

ئیرۆ

TUE

tomorrow

سبەی

morning

سبە

noon

نیڤرۆ

evening

ئێڤار

business days

رۆژێن کاری

weekend

داویا هەفتە

rain
باران
rainbow
کەسکەسۆر
wind
با
snow
بەفر
spring
summer
autumn
پاییز
winter
زڤستان

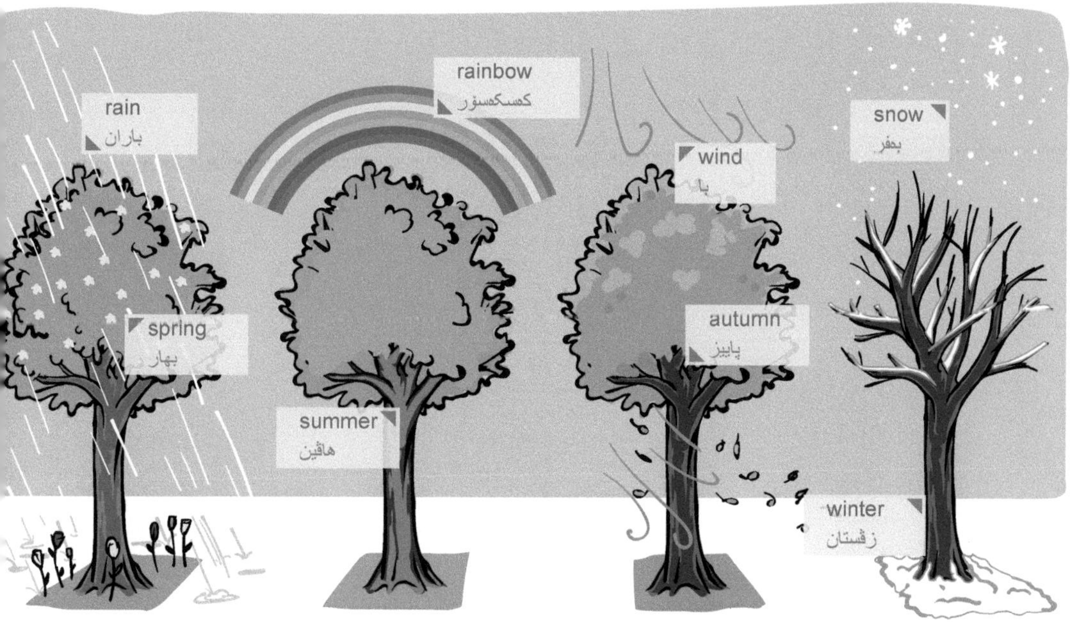

weather forecast

پێشبینیا هەوا

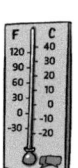

thermometer

تەهنییڤ

sunshine

تاڤ

cloud

هەور

fog

مژ

humidity

هێمی

lightning

برق

thunder

برووسک

storm

تۆفان

hail

تەرگ

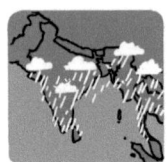

monsoon

مانسوون

flood

لەهی

ice

جەمەد

January

ڕێبەندان

February

ڕەشەمە

March

نەورۆز

April

گوڵان

May

جۆزەردان

June

پووشپەر

July

گەلاوێژ

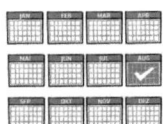

August

خەرمانان

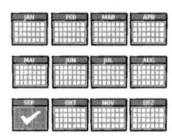

September

ڕەزبەر

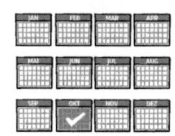

October

کەوچێڕ

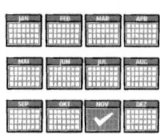

November

سەرماوەز

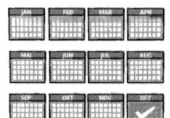

December

بەفرانبار

shapes

شێوە

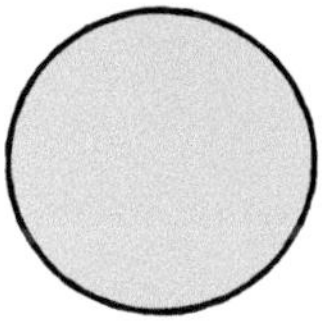

circle

چەمبەر

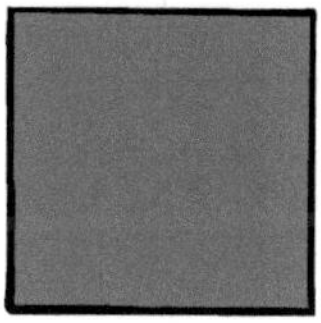

square

چارچک

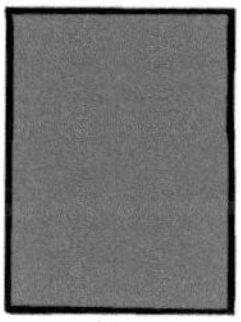

rectangle

چارقۆزی

triangle

سێقۆزی

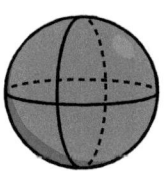

sphere

قادا

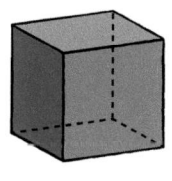

cube

خشتەک

colours

ڕەنگان

white

سپی

yellow

زەر

orange

پرتەقالی

pink

پەمبە

red

سۆر

purple

مۆر

blue

شین

green

کەسک

brown

قەهوەیی

grey

گەور

black

ڕەش

a lot / a little

زۆر / کەم

angry / calm

ب هێرس / بێدەنگ

beautiful / ugly

بەدەو / نەرند

beginning / end

دەستپێک / داوی

big / small

مەزن / بچووک

bright / dark

رۆنی / تاری

brother / sister

براک / خوشک

clean / dirty

پاگژ / گرێژ

complete / incomplete

تەڤی / نەتەمام

day / night

رۆژ / شەڤ

dead / alive

مری / زندی

wide / narrow

فرە / تەنگ

edible / inedible

خوەش / نەخوەش

evil / nice

نەباش / باش

excited / bored

ب هەیمجان / ئاجز

fat / thin

قەلەو / زراڤ

first / last

یەکەمین / داوین

friend / enemy

هەڤال / دژمن

full / empty

تژی / ڤالا

hard / soft

رەق / نەرم

heavy / light

گران / سڤک

hunger / thirst

برچی / تینی

sick / healthy

نەخوەش / ساخ

illegal / legal

نەقانوونی / قانوونی

intelligent / stupid

رەوشەنبیر / بالوولە

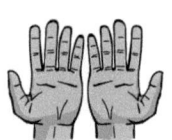

left / right

چەپ / راست

near / far

نێزی / دوور

new / used

نوو / بکارهاتی

nothing / something

هیچ / تشتەک

old / young

کال / جوان

on / off

ل / ژ

open / closed

ڤەکری / گرتی

quiet / loud

ئارام / دەنگبلند

rich / poor

دەولەمەند / رەبەن

right / wrong

راست / شاش

rough / smooth

دڕ / هلوو

sad / happy

خەمگین / شا

short / long

کورت / درێژ

slow / fast

هێدی / زوو

wet / dry

شل / زوا

warm / cool

گەرم / هێنک

war / peace

شەڕ / ئاشتی

numbers
هەژماران

0

zero

سفر

1

one

یەک

2

two

دوو

3

three

سێ

4

four

چار

5

five

پێنج

6

six

شەش

7

seven

هەفت

8

eight

هەشت

9

nine

نەه

10

ten

دەه

11

eleven

یازدە

12

twelve

دازده

13

thirteen

سێزده

14

fourteen

چارده

15

fifteen

پازده

16

sixteen

شازده

17

seventeen

هەفدە

18

eighteen

هەژدە

19

nineteen

نۆزدەه

20

twenty

بیست

100

hundred

سەد

1.000

thousand

هەزار

1.000.000

million

ملیۆن

languages

زمانان

English

ئینگلیزی

American English

ئنگلیزیا ئامەریکی

Mandarin Chinese

چینی ماندارین

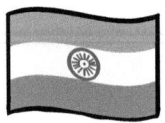

Hindi

هێندی

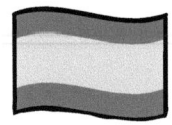

Spanish

ئیسپانیۆلی

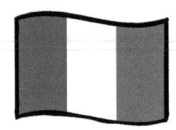

French

فرەنسی

Arabic

ئەرەبی

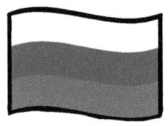

Russian

رووسی

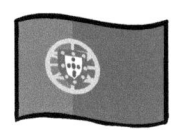

Portuguese

پۆرتوگالی

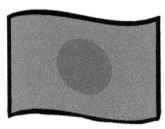

Bengali

بەنگالی

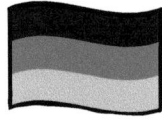

German

ئەلمانی

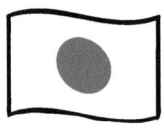

Japanese

ژاپۆنی

who / what / how

کی / چ / چاوا

I

من

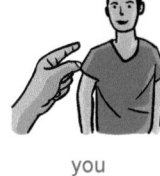

you

تو

he / she / it

ئەو / ئەڤ / ئەو

we

ئەم

you

تو

they

ئەو

who?

کی؟

what?

چ؟

how?

چاوا؟

where?

کیدەرێ؟

when?

کەنگی؟

name

ناڤ

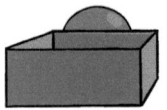

where

کوو

behind

....

پشتی

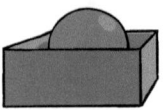

in

....

in front of

....

پێشی

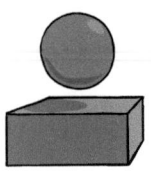

over

....

سەر

on

....

سەر

under

....

بن

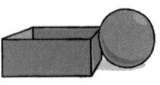

beside

....

کێلەک

between

....

ناڤبەر

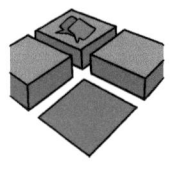

place

....

جە